Buddha und der Manager

Werner Schwanfelder ist Einkaufsleiter bei einem international tätigen Unternehmen und Bestsellerautor. Angeregt durch zahlreiche geschäftliche Reisen nach Asien beschäftigt er sich seit Jahren mit fernöstlicher Weisheit. Bei Campus erschien zuletzt von ihm *Sun Tzu für Manager. Die 13 ewigen Gebote der Strategie.*

Buddha und der Manager

Eine Begegnung mit fernöstlicher Weisheit

von

Werner Schwanfelder

Campus Verlag
Frankfurt/New York

Bibliografische Information der Deutschen Bibliothek.
Die Deutsche Bibliothek verzeichnet diese Publikation in der Deutschen Nationalbibliografie. Detaillierte bibliografische Daten sind im Internet über http://dnb.ddb.de abrufbar.
ISBN-10: 3-593-37930-9
ISBN-13: 978-3-593-37930-2

Umschlaggestaltung: Büro Hamburg
Umschlagmotiv: © zefa / stockdisc
Druck und Bindung: Druckhaus Beltz, Hemsbach
Gedruckt auf säurefreiem und chlorfrei gebleichtem Papier.
Printed in Germany

Besuchen Sie uns im Internet: www.campus.de

Inhalt

Zu diesem Buch

Die Geschichte, die ich Ihnen in diesem Buch erzähle, beruht auf wahren Begebenheiten. Es gibt den Manager, der mit einem Sack voller Probleme nach China fuhr. Es gibt auch das Kloster und den Mönch, der half, die Weisheiten zu interpretieren. Und es gibt die chinesischen Weisheiten – seit vielen tausend Jahren. Ich habe mir lediglich erlaubt, diese drei Elemente zu kombinieren.

Ich widme dieses Buch eben jenem Manager, der sich in China seelische Hilfe holte.

Mit dem Mönch hat mich ein chinesischer Freund bekannt gemacht, der häufiger in dieses Kloster geht, um dort Einkehr zu halten und zu meditieren. Er ist CEO in der Filiale eines deutschen Unternehmens in China. Er hat mir erzählt, dass er sich Ruhe, Größe und Überzeugung aus den Lehren Buddhas holt. Auch ihm ist dieses Buch gewidmet.

Und schließlich möchte ich dieses Buch auch noch den Mitarbeitern meines Unternehmens widmen, die sich auf China eingelassen haben. Sie sind natürlich in dieses Land gegangen, um Geschäfte zu machen. Die meisten von ihnen haben bald bemerkt, dass dies nur funktioniert, wenn sie die Chinesen verstehen und sich auf sie einstellen können. Dieses Verstehen ist der Schlüssel zu Kultur und Geschäft gleichermaßen. Die Chinesen unterscheiden diesbezüglich nicht stark.

In der chinesischen Kultur ist Respekt besonders wichtig. Und davon handelt dieses Buch: vom Respekt, den jeder vor sich selbst haben sollte. Nur wenn ich mich selbst respektiere, kann ich auch andere respektieren. Und schließlich muss ich natürlich auch das, was ich tue, respektieren, dazu stehen, dafür Verantwortung tragen. Diese Botschaft wiederum gilt nicht nur in China, sondern auf der ganzen Welt. Und dies ist die Botschaft, die ich Ihnen mitgeben möchte. Es ist mir auch ein Anliegen, dass Sie den Mut finden, diese Art von Respekt zu leben.

Wer sich nicht vorstellen kann, dass Management mit Respekt funktioniert, dem empfehle ich in der Tat, sich ebenfalls auf die Reise zu begeben und das Kloster zu besuchen, von dem ich schreibe. Setzen auch Sie sich dort hin und meditieren Sie. Es ist eigentlich unerheblich, ob Sie ein Mönch anspricht oder nicht, denn die wichtigste Aufgabe müssen Sie ohnehin selbst vollbringen: Klarheit über sich selbst erhalten, Respekt vor sich und vor anderen haben und ehrliche Verantwortung für die eigenen Handlungen übernehmen.

Dies wünsche ich Ihnen, verehrter Leser. Diese Gedanken mögen Sie bei der Lektüre dieses Buches begleiten.

Werner Schwanfelder

Präludium

Peter Ziegel war zutiefst frustriert. In den letzten Stunden hatten sich die negativen Nachrichten gehäuft. Doch das war nur die Spitze des Eisbergs: Schon seit geraumer Zeit bemerkte er, dass er keine Erfolge mehr zu verbuchen hatte. Nun überschlugen sich die Ereignisse, wurden immer chaotischer, die Fahrt in den Abgrund wurde immer schneller. Und er war mittendrin. Er spürte, wie ihn mehr und mehr die Kraft verließ, dass er sich nicht behaupten konnte gegen das, was auf ihn einströmte und ihn zu überrollen drohte.

Nachts lag er wach, wälzte sich schweißgebadet hin und her. Albträume suchten ihn heim. Er spürte, wie seine Kraft erlahmte. Immer stärker überkam ihn das Gefühl, ein Versager zu sein.

*

Er war in Beijing, befand sich mitten in wichtigen Vertragsverhandlungen, und ihm war klar geworden, dass auch diese Verhandlungen erfolglos enden würden. Morgen oder übermorgen würde er nach Hause fahren mit nichts in den Händen, keinem Vertrag, keiner Absichtserklärung. Vielleicht machte es auch keinen Sinn, jemals wieder nach China zurückzukehren. Die China-Strategie konnte man wohl als gescheitert betrachten. Er hatte sich so sehr engagiert, so viel Einsatz gezeigt. Jeden Abend hatte er gearbeitet bis tief in die Nacht, auch an den Wochenenden. Aber er hatte versagt. Er konnte die Mitarbeiter nicht begeistern und auch nicht motivieren. Die Mitarbeiter, ja, an ihnen lag es vermutlich. Er hatte einigen bereits mitgeteilt, dass sie sich einen neuen Job suchen sollten. Ihr Engagement war in solch schwierigen Zeiten nicht ausreichend. Er vertraute ihnen nicht mehr. Er argwöhnte, dass sie hinter seinem Rücken Politik machten, sich gegen ihn verschworen. Er wollte reinen Tisch machen, junge Leute einstellen, neu beginnen. Das, dachte er, sei seine einzige Chance.

Nun stand er auf der Straße vor dem Hotel in Beijing. Er hatte Zeit, ausnahmsweise einmal. Er war allein, keiner kümmerte sich um ihn. Darüber war er froh.

Der *Bell Captain* hatte ihn angesprochen, ob er einen Wunsch habe? Doch seine Wünsche konnte im Hotel niemand erfüllen. Dass er etwas beabsichtige, hatte er geantwortet.

Was er denn beabsichtige, kam die Frage.

Na ja, etwas.

Der *Bell Captain* hatte ihn erstaunt angesehen, dann aber ein Taxi gerufen und etwas zu dem Fahrer gesagt.

Nun saß er, Peter Ziegel, in diesem Taxi, das irgendwohin fuhr. Draußen spielte sich das Leben ab. Er empfand es als unwirklich. Er kannte sich in Beijing nicht aus, war zwar schon ein paar Mal hier gewesen, hatte aber nur Hotel, Firma, irgendwelche Meetingräume gesehen, sonst nichts. China war ihm fremd. Es machte ihm auch keinen Spaß, mit Chinesen zu verhandeln. Ihre Verhandlungstaktik machte ihn nervös, die Zeit, die sie sich ließen, die sie immer wieder einforderten. Er hatte nicht so viel Zeit, er wollte schnelle Lösungen und bemerkte dabei, wie die Chinesen sich immer mehr zurückzogen. Seinem chinesischen Partner hatte er schon mehrfach Vorwürfe gemacht und von ihm verlangt, dass er die Verhandlung beschleunigen solle, doch auch der hörte nicht auf ihn.

Nun hielt das Taxi an. Draußen waren viele Menschen, viele Radfahrer, wenige Autos. Der Taxifahrer reichte ihm die Quittung, er bezahlte, stieg aus. Dann stand er draußen auf der Straße, inmitten all der Menschen. Vor ihm befand sich eine Mauer, dahinter war ein Park. Er erkannte einige Pagodendächer. Wahrscheinlich ein Tempel. Er hatte wenig Erfahrung mit buddhistischen Tempeln, er hatte keine Zeit, über Religion nachzudenken, weder über seine eigene noch über die anderer Völker.

So wusste er auch nicht, dass er vor dem Lamakloster stand, das Kaiser Kangxi 1694 hatte erbauen lassen. Dieses Kloster diente als stille Rückzugsstätte für die amtierenden Kaiser. Hier konnten sie sich von ihren Tagesgeschäften erholen und neue Kraft schöpfen.

Peter Ziegel ging die Mauer entlang, bis er zu einer Sperre kam. Er kaufte ein Ticket, durchquerte die Sperre und stand nun in der Parkanlage. Viele Chinesen waren hier unterwegs. Sie schlenderten in Gruppen durch den Park, ganze Familien offenbar, unterhielten sich und lachten viel.

Für einen kurzen Moment war Peter Ziegel neidisch.

Abwesend trat er durch das monumentale Ehrentor. Er fühlte leichte Kälte in sich aufsteigen. Das Klima in Beijing konnte seine Laune nun wirklich nicht verbessern. Nebel trieb durch die Straßen, und auch im Park stieg ihm der Nebel in die Nase. Er kam in den Innenhof, der von einem Glockenturm und einem Trommelturm flankiert wurde. In früherer Zeit wurde damit die Zeit angegeben. Um sieben Uhr morgens ertönte vom Glockenturm das erste Mal die Glocke. Dies bedeutete den Beginn des Tages, und die Tore der Tempelanlage wurden geöffnet. Tagsüber läutete die Glocke alle zwei Stunden bis fünf Uhr nachmittags. Die Trommeln des Trommelturms gaben die Zeichen der Nacht an. Um sieben Uhr ertönten die Trommeln dreizehn Mal. Dann wurden die Tore geschlossen. Alle zwei Stunden ertönten nun während der Nacht die Trommeln einmal, das letzte Mal um fünf Uhr morgens.

Er schritt durch die Halle der Himmelskönige, sah die mächtigen Wächterfiguren, die Furcht einflößen sollten. Nein, vor diesen Figuren hatte er keine Angst. Doch er erkannte, dass seine eigenen Wächter versagt hatten, und das ließ Angst in ihm aufkommen.

Er schritt durch die Anlage, nahm aber die prächtigen Bauten kaum wahr, und der Geist, der sich hinter den Mauern verbarg, blieb ihm verborgen. Er setzte sich auf eine Bank, hing seinen Gedanken nach.

*

Zuletzt war er in Brasilien gewesen. Sein Abschied war nicht gerade harmonisch verlaufen, er hatte die brasilianische Gesellschaft mit einem hohen Verlust verlassen. Er fühlte sich nicht schuldig, das waren seine Mitarbeiter gewesen. Obwohl er natürlich irgendwie doch die Verantwortung trug. Gute Verbindungen hatten ihm jedoch geholfen, er war ins Stammhaus zurückgekehrt. In diesem neuen Job war er verantwortlich für das Weltgeschäft. Straßenbahnen in aller Welt: Er befehligte Werke, Entwicklungsabteilungen, Ingenieure, Vertriebsleute, Kaufleute. Er war ein mächtiger Mann. Aber das Geschäft lief chaotisch, kaum, dass er eine Ordnung erkennen konnte. Zugegeben, die Aufgabenstellung war sehr komplex. Da konnte man eben nicht mit simplen Maßnahmen herangehen und dann hoffen, dass alles in geordneten Bahnen verlaufen würde. Nein, die komplexen Systeme erschwerten auch seine Arbeit und ließen ihn scheitern. Hier und da hatte er das Gefühl, dass seine Anweisungen das Chaos noch verschlimmerten. Aber das wollte er nicht wahrhaben.

Er wusste, dass ihm der Durchblick fehlte. Er hatte zu wenig Erfahrung, viel zu wenig Sachwissen. Er musste sich auf andere verlassen und dies störte ihn. Denn seinen Mitarbeitern vertraute er nicht. Diejenigen, die jetzt die Verantwortung hatten, waren in seinen Augen Versager. Nur er konnte es richten.

*

Offenbar war er eingeschlafen, denn als er seine Umwelt wieder wahrnahm, war es dunkler geworden und still. Die Besucher hatten den Tempel bereits verlassen, in der Ferne hörte er den Gleichklang von eintöniger Tempelmusik. Beim Aufstehen schmerzten seine Muskeln. Er war auch körperlich nicht auf der Höhe. Er hatte die Fünfzig bereits überschritten und musste sich eingestehen, dass er nicht mehr so viel aushalten konnte wie früher, als er noch jünger gewesen war.

Er setzte seinen Weg durch das Kloster fort und kam in einen neuen Tempelhof, an eine Halle, in der Mönche beteten und sangen. Er blieb an der Türe stehen, unschlüssig, ob er eintreten sollte oder nicht. Da verspürte er mit einem Mal eine große Müdigkeit, als ob alle Last der Welt auf seinen Schultern läge. So betrat er die Halle, zog sich in die hinterste Ecke zurück, setzte sich auf den Boden und sah zu, hörte zu.

Die Mönche hatten einen einlullenden Singsang angestimmt, den sie durch Körperbewegungen unterstrichen. Ihre orangefarben eingehüllten Körper neigten sich der Buddhastatue zu, wiegten sich im Rhythmus des Gesangs.

Peter Ziegel fand das beruhigend. Und zu seiner Überraschung fühlte er, wie neue Lebenskraft in seinen Körper strömte, wie sein ganzer Körper warm wurde, bis er glaubte, den Fluss des Blutes durch die Adern zu spüren.

Und dann wanderte er in eine andere Welt, entfernte sich in ein wunderbares Nirwana.

Über die erste Regel

Habe Respekt vor Dir selbst

Durch die Berührung einer Hand wurde er geweckt. Er wachte unwillig auf, wollte sich zurückziehen. Aber dann gewann sein Bewusstsein, seine Persönlichkeit die Oberhand. Er erwachte, er war wieder da, Peter Ziegel.

Ein junger Mönch kniete vor ihm. Er sprach ein schlechtes, schwer verständliches Englisch.

Ob es ihm gut gehe?

»Ja, natürlich.«

Peter Ziegel versuchte aufzustehen, aber es gelang ihm nicht.

Ob er müde sei.

»Ja, ich bin müde.«

Ob er erschöpft sei.

Ja, auch das war er, irgendwie. Peter Ziegel wurde unwillig, doch er konnte sich nicht bewegen.

Der Mönch entfernte sich. Kurze Zeit darauf kam ein anderer Mönch, setzte sich neben ihn, sagte aber nichts, beobachtete ihn nicht einmal. Er saß nur.

Nach einiger Zeit fasste Peter Ziegel den Entschluss, sich nun wirklich zu erheben. Er konnte ja nicht ewig hier bleiben. Er musste zurück ins Hotel. Morgen hatte er noch eine Verhandlung. Er hatte zwar keine Hoffnung, dass diese erfolgreicher ablaufen würde, doch er wollte zu Ende bringen, was er angefangen hatte, und dann eben zurückreisen.

Der Mönch sagte, er würde ihn nun zum Meister bringen. Peter Ziegel war überrascht, wollte schon unwirsch abwinken, folgte dann aber doch einem plötzlichen Impuls gehorchend dem jungen Mönch. Sie durchquerten die Halle, liefen durch den nächsten Innenhof, und kamen durch eine kleine Seitentür in einen weiteren Innenhof mit vielen Kübelpflanzen. Auf einer Bank saß ein kleines Männchen in der orangefarbenen Tuchkleidung der Mönche. Alt und weise schien es zu sein, und eine starke Aura ging von ihm aus.

Von solchen Dingen wollte Peter Ziegel eigentlich gar nichts wissen. Er wehrte sich dagegen, wollte sie nicht akzeptieren. Umsonst: die Aura des alten Mannes nahm ihn gefangen. Und dann saß er vor dem Mönch auf dem Boden und sah ihn an und wartete auf etwas, ohne zu wissen, worauf.

Von weit her, ganz schwach, ertönte eine Sirene. Er befand sich also noch in der Stadt. Doch der Lärm und die Hektik des Verkehrs verirrten sich nicht in diesen Teil des Klosters.

Laternen warfen ein diffuses Licht in den Hof, der Nebel hatte sich verzogen.

Der Alte sagte etwas, was Peter Ziegel nicht verstand.

Erst als hinter ihm eine Stimme ertönte, bemerkte er, dass noch ein zweiter Mönch anwesend war. Der Übersetzer.

»Du hast nicht gefunden, was Du gesucht hast.«

Peter Ziegel war immer schnell mit Erkenntnissen, Überlegungen, Ratschlägen. Er hielt sich für einen Macher. Deshalb hatte er ja auch den Job bekommen. Aber ihm fiel in diesem Augenblick keine Antwort und keine Erwiderung ein. Er musste nachdenken. Er war zufällig hierher gekommen, warum eigentlich? Weil ihn dieser Hotelangestellte in das Taxi gesetzt hatte. Er hätte sich weigern können. Er hatte sich aber nicht geweigert, so war es geschehen. Nun war er hier. Suchte er etwas?

Ja, er suchte Erkenntnis. Erst jetzt wurde ihm bewusst, dass er suchte.

»Du hast Recht.«

Der Alte verzog keine Miene. Sein Blick schien in die Unendlichkeit gerichtet.

»Wenn Du zuhörst, kannst Du zur Erkenntnis kommen.«

Peter Ziegels Antwort kam sofort, ohne nachzudenken, viel zu schnell.

»Ich will.«

Der Mönch sagte: »Es ist immer mit einem gewissen Aufwand verbunden, zur Klarheit zu kommen.«

Peter Ziegel hörte die Worte wie durch Watte. Ja, er verstand die Aussage. Er war auch bereit, zu investieren. Aber zu Hause in seinem Büro hatte er keine Zeit. Telefon, Mails, Meetings. Immer hastete er von Ort zu Ort, zitternd und bebend, weil immer irgendwo neue Schwierigkeiten auftraten. Diese Klarheit, die er sich so wünschte, fehlte ihm immer öfter.

»Eine Öllampe leuchtet heller, wenn der Docht immer wieder gekürzt wird. Die Wahrheit wird klarer, wenn man darüber spricht. Nimm Dir die Zeit, den Docht zu kürzen.«

Peter Ziegel war über die direkte Ansprache

灯不拨不亮，理不辩不明。

Eine Öllampe leuchtet heller, wenn der Docht gekürzt wird. Die Wahrheit wird klarer, wenn man darüber spricht.

verwundert. Für den Bruchteil einer Sekunde verspürte er ein Gefühl von Unwillen. Kritische Fragen, Ratschläge, die seine Kompetenz in Frage stellten, das mochte er gar nicht. Und nun dieser Alte hier …

Dies dachte er für einen winzigen Augenblick.

»Ich habe keine Zeit, einen Docht zu kürzen. Das muss meine Sekretärin machen. Sie macht es nicht gut genug. Deshalb werde ich mich von ihr trennen.«

Das hatte er gar nicht sagen wollen, es war einfach so aus ihm hervorgebrochen.

Der Alte sagte etwas und der Mönch hinter ihm übersetzte.

»Du bist nicht bereit, Deine Verantwortung zu übernehmen.«

Wie fühlt es sich an, wenn ein Dolch sich in

den Körper bohrt? Der Schmerz geht tief, durch alles hindurch.

Peter Ziegel wusste, dass er zwar viel Arbeitseinsatz zeigte, aber niemals in die Tiefe ging. Er blieb an der Oberfläche, verstand und verstand doch nicht. Er bildete sich viel auf seinen Intellekt ein, war in der Lage, Situationen zu erkennen und einzuschätzen. Und doch fällte er viele Entscheidungen, ohne genau zu wissen, um was es wirklich ging. Deshalb traf er diese Entscheidungen auch nur zögerlich. Die Mitarbeiter bemerkten dieses Zögern offenbar und gingen selbst nur zögerlich an die Umsetzung.

Der Alte sprach weiter.

»Geist und Körper sollen sich ergänzen. Ich empfehle Dir, zehntausend Bücher zu lesen und zugleich zehntausend Kilometer zu laufen. Nur so wirst du die Erkenntnis erhalten, was zwischen Geist und Tun geschieht.«

读万卷书，行万 路。

Lese zehntausend Bücher
und gehe zehntausend Kilometer

Peter Ziegel lauschte dem Klang der Worte nach. Er hatte verstanden. Er hatte in den letzten Monaten, seit er die neue Arbeit übernommen hatte, vieles begriffen. Und dennoch war er an der Oberfläche geblieben, weil er nicht in der Lage war, die praktischen Probleme zu erkennen. Aber um auch noch die tausend Kilometer zu gehen, fühlte er sich zu ausgelaugt. Wie stellte der Alte sich das nur vor? Das war unmöglich.

Und der alte Mönch erhob wieder die Stimme, obwohl es Peter Ziegel lieber gewesen wäre, er wäre verstummt. »Wenn zwei Tiger kämpfen, ist es sicher, dass einer verlieren wird.« Der Übersetzer fügte noch hinzu: »Manche Ereignisse sind absehbar.«

两虎相斗，必有一伤。

Wenn zwei Tiger kämpfen, ist es sicher, dass einer verlieren wird.

»Was meinst Du damit? Ja, ich weiß, dass manche Ereignisse eintreten werden, und auch wenn ich mich dagegen stemme, kann ich sie nicht aufhalten. Aber diese Ereignisse kosten Geld, verursachen Schmerzen. Ich muss mich gegen sie stemmen.«

Die beiden Mönche sprachen miteinander. Der Jüngere übersetzte offenbar die Einwände, die Peter Ziegler geäußert hatte. Doch der Ältere schüttelte nur den Kopf.

»Ich soll mich nicht mehr dafür einsetzen, wenn ich sehe, dass ich nichts bewegen kann? Ich soll es hinnehmen?«

Der Alte nickte. Peter Ziegel stand auf und begann im Innenhof hin und her zu laufen. Er setzte sich immer ein, er versuchte jedes Problem zu lösen. Dabei verlor er viele Male, musste eine Niederlage nach der anderen hinnehmen. Ihm wurde klar, dass er der Verlierer-Tiger war.

Es wurde Tee gebracht. Der junge Mönch schenkte den Tee ein, der in der Tasse dampfte. Peter Ziegel setzte sich, nahm die Tasse in beide Hände und wärmte sie daran. Langsam und bedächtig schlürfte er den Tee. Im Hintergrund war der Singsang der Mönche ein wenig lauter geworden, aber er empfand ihn nur als ein schwaches Brausen.

Immer fühlte er sich allein. Er stemmte sich in seine Aufgabe hinein, versuchte mit seinen Schultern den Dammbruch zu verhindern. Denn er wusste ja, dass er sich auf keinen seiner Mitarbeiter verlassen konnte. Sie hatten doch keine Ahnung von den Problemen, und sie kümmerten sich auch nicht darum. Sie waren schuld, dass alles so schlecht lief, das alles zusammenbrach. Er war neu mit dieser Aufgabe betreut worden und die Mitarbeiter hatten keine Aufbruchstimmung erkennen lassen. Er hatte die Probleme gesehen, sie in den Vordergrund gestellt. Allerdings – er hatte auch keine Lösungsperspektiven vermittelt. Er hatte die Fähigkeiten seiner Mitarbeiter nicht richtig einschätzen und sie entsprechend einsetzen können. Hier hatte er wohl versagt. Oder seine Mitarbeiter? Sie hätten so viel Engagement zeigen müssen wie er …

Der Alte räusperte sich, sprach, und der Übersetzer wiederholte die Worte in leichtem Singsang: »Beurteile ein Pferd nicht aufgrund seines Sattels und beurteile einen Menschen nicht aufgrund seiner Kleidung.«

Hatte der Alte seine Gedanken gelesen? Er behauptete doch nichts anderes, als dass er seine Mitarbeiter vielleicht falsch beurteilt habe. Nein, mit Sicherheit nicht. Er hatte Menschenkenntnis. Wenn bei einem die Chemie nicht stimmte, dann gehörte er nicht in sein Team, so einfach war das.

马好不在鞍，人好不在衫。

Beurteile ein Pferd nicht aufgrund seines Sattels und beurteile einen Menschen nicht aufgrund seiner Kleidung.

Er musste sich auf seine Mitarbeiter verlassen können. Das konnte er nur, wenn die Chemie stimmte und so …

Mitten hinein in diese Gedanken fuhr der Alte fort: »Wie stark auch immer Du sein magst, es gibt einen, der stärker ist.«

Das war richtig. Mit seinem Chef hatte er auch große Probleme. Er wusste und er spürte es noch viel mehr, dass sein Chef auch ihm misstraute, und nicht überzeugt war, dass er, Peter

强中更有强中手，能人背后有能人。

Wie stark auch immer Du sein magst, es gibt einen, der stärker ist.

Ziegel, das Werk gut vollenden könnte. Schließlich war er selbst nicht mehr davon überzeugt.

Als hätte der Alte seine Gedanken gelesen, fügte er hinzu: »Vergiss nicht, vergiss niemals: Jeder ist verantwortlich.«

天下兴亡，匹夫有责。

Jeder ist verantwortlich für sein Land.

Wie oft hatte er sich schon aus dieser Verantwortung stehlen wollen. Aber es würde ihm nicht gelingen. Er stand da. Er saß da. Er schritt daher. Und er war verantwortlich, ob er nun etwas unternahm oder nicht. Und er war verantwortlich, vollkommen unabhängig, was er tat. Er war verantwortlich.

*

Der Alte erhob sich und schlurfte hinaus. Der junge Mönch hatte sich in eine Ecke zurückgezogen und Peter Ziegel merkte, dass er allein war, umhüllt vom frühen Abend.

Was war das eben gewesen, ein Gespräch, eine Unterrichtsstunde? Erkenntnis dämmerte in ihm. Er konnte einen Zipfel dieser Erkenntnis in seiner Hand fühlen.

Peter Ziegel wollte sich verabschieden, wollte gehen auf Nimmerwiedersehen. Die Weisheiten des Alten wollte er nicht hören, sich auch nicht mit ihnen auseinandersetzen. Und doch hörte er sich zu seiner eigenen Überraschung den jungen Mönch fragen: »Kann ich morgen noch einmal kommen?« Das hatte er nicht fragen wollen! Hatte er das tatsächlich gesagt? Er lauschte verwundert in sich hinein.

Der Mönch nickte. »Er ist ein großer Lehrer.« Und fügte hinzu. »Er besitzt die Weisheit. Er ist die Weisheit. Es ist eine große Gnade, dass er mit Dir spricht. Denke über seine Worte nach.«

Peter Ziegel sah ihm nach, bis die Gestalt des Mönchs mit der Dunkelheit verschmolz.

*

Klar, er würde über seine Worte nachdenken. Er stand auf, suchte den Ausgang aus dem Innenhof, kam in einen anderen Hof, irrte durch die dunklen Hallen. Nur schwache Lichter wiesen den Weg. Wohin, wusste er gar nicht, aber ihm war nicht bange. Die Erkenntnis schien in ihm zu wachsen.

So kam er zum Tor, es war schon weit nach sieben Uhr abends. Die Trommeln des Trommelturms wurden nicht mehr geschlagen wie in alten Zeiten. Heute zeigten Armbanduhren die Zeit digital an. Schade, dachte er, und hätte gern die Trommeln gehört.

Dann stand er draußen auf der lauten Straße. Konnte gar nicht erfassen, was ihm geschehen war, wartete, bis irgendwann ein Taxi vorbeikam. Der Taxifahrer brauchte eine ganze Weile, bis er den Namen des Hotels verstanden hatte. Peter Ziegel fuhr durch eine Stadt, die er nicht kannte. Vorbei an Verkehr, lauten Menschen, Gar-Buden auf der Straße, Leuchtreklamen.

Im Hotel begab er sich schnell auf sein Zimmer. Er saß im Dunkeln und sah zum Fenster hinaus. Sonst schaltete er immer den Fernseher ein. Es war fast ein Reflex. Um nicht allein zu sein vielleicht, um sich zu betäuben, in Geräusche einzuhüllen.

Nun dachte er lediglich nach. Es gibt Dinge, die passieren, so hatte der Mönch gesagt. Um diese musste er sich nicht kümmern. Ihnen musste er keine große Aufmerksamkeit entgegenbringen. Er hatte morgen noch ein Gespräch mit einem Kunden, aber sie würden zu keinem

Ergebnis kommen. Das wusste er jetzt schon, hatte es bislang noch nicht akzeptiert. Nun sollte er es akzeptieren und nur auf ein gutes Ende hinarbeiten. Vielleicht war die Situation in ein paar Wochen anders.

Die gewonnene Zeit konnte er in wichtigere Aktionen investieren, sich besser informieren über die Strukturen, Probleme, Prozesse und Verknüpfungen, welche die Grundlage seiner Entscheidungen darstellten. Er wollte sich mehr darauf konzentrieren, zur Klarheit zu kommen. Und er wollte sich mehr um seine Mitarbeiter kümmern, auf sie eingehen, sie nicht von vornherein beurteilen und verurteilen. Nicht einmal die Stärken seiner engsten Mitarbeiter kannte er. Eher glaubte er, sich ein Bild über ihre Schwächen machen zu können. Zu mehr Klarheit kommen. Irgendwann schlief er ein und träumte.

Im Traum ging er eine Straße entlang. Da war ein tiefes Loch. Er fiel hinein und war verloren. Er war ohne Hoffnung. Es war nicht seine Schuld, dass er in dieses Loch gefallen war. Er versuchte sich herauszuarbeiten, aber es dauerte lange und war sehr mühselig.

Wieder ging er diese Straße entlang, sah das tiefe Loch. Er fiel wieder hinein. Er konnte nicht fassen, dass er wieder an den gleichen Ort gekommen war, wieder in das gleiche Loch gefallen war. Aber es war nicht seine Schuld. Es dauerte sehr lange, bis er aus dem Loch herauskam.

Er ging dieselbe Straße entlang. Da war das tiefe Loch. Er fiel wieder in das Loch, aus Gewohnheit. Plötzlich erkannte er, wo er war. Und nun wusste er auch, dass es sehr wohl seine Schuld war. Rasch hatte er sich aus dem Loch befreit.

Er ging abermals dieselbe Straße entlang. Da war ein tiefes Loch. Er ging um das Loch herum.

Schließlich kam er durch eine andere Straße. Am Ende der Straße stand ein alter Mönch, der ihm zunickte. Der ihm die Weisheit erklärte, so, als habe er ihm eine Infusion gelegt, durch die er nun die Tropfen der Weisheit strömen ließ.

Ich habe die Verantwortung. Sie beginnt damit, dass ich mir Klarheit verschaffe über mich, meine Mitarbeiter und mein Tun. Diesen Satz träumte Peter Ziegel.

*

Die Verhandlung am nächsten Tag verlief genau so, wie Peter Ziegel es sich vorgestellt hatte. Seine chinesischen Kunden ließen sehr schnell erkennen, dass sie im Augenblick keine Entscheidung treffen würden. Er dachte an den weisen Mann: Wenn zwei Tiger kämpfen, ist es sicher, dass einer verlieren wird. Er wollte es hier auf keinen Kampf ankommen lassen. Daher machte er den Vorschlag, dem Kunden mehr Informationen und eine persönliche Betreuung zukommen zu lassen. Sein chinesischer Partner und Vertreter würde dies übernehmen. Bisher war er mit dessen Arbeit unzufrieden gewesen, hatte nicht das Gefühl gehabt, dass er seine Vorgaben verstanden hatte. Aber er wusste nun, dass er Pferde nicht aufgrund des Sattels und Menschen nicht aufgrund der Kleidung beurteilen sollte. Er nahm sich nach dem Gespräch mit dem Kunden sogar die Zeit, mit seinem chinesischen Partner das Ergebnis zu besprechen, und er wunderte sich, wie viele Hindergrundinformationen ihm sein Partner über den Kunden geben konnte. Er kannte dessen innere Entscheidungsstrukturen und machte ihm deutlich, dass noch nicht der richtige Entscheidungszeitpunkt gekommen war. Peter Ziegel hörte zu und stellte fest, dass die Öllampe der Erkenntnis tatsächlich heller leuchtete, wenn er sich nur zusammen mit seinen Mitarbeitern daran machte, regelmäßig den Docht zu kürzen.

Er verabschiedete sich von seinem Mitarbeiter, denn morgen würde er nach Hause fliegen. Nein, er wollte kein gemeinsames Essen heute Abend haben. Er wollte die Zeit zum Nachdenken nutzen. Der Chinese konnte das gut verstehen.

Eine asiatische Weisheitsgeschichte: Vom Gleichgewicht

Es war in den ersten Jahren des 20. Jahrhunderts, da kam ein Europäer zu einem chinesischen Meister und bat diesen, ihn in Kampfkünsten zu unterrichten. Der Meister willigte ein und ließ den Europäer langsame Bewegungen mit voller Konzentration durchführen. Der Europäer folgte zunächst willig. Nach drei Stunden ähnlicher Bewegungen verlor er jedoch die Geduld und protestierte. Er mahnte den Meister, dass er eigentlich Kampfübungen lernen wollte.

Der Meister hieß ihn sich setzen. Nachlässig ließ er sich auf einer Bank nieder. Er fragte den Meister, wann er ihn Kampfesübungen lehren wolle. Doch der Meister fragte ihn nur, ob er gut sitzen würde.

»Ja, sicher.«

Der Meister machte ihn auf seine Fehler aufmerksam: Der Rücken sei nicht gerade genug. Der Kopf sei nicht die Verlängerung der Wirbelsäule.

Der Europäer wollte sich auf diese Diskussion nicht einlassen. Er sei doch nicht gekommen, um das Sitzen zu lernen. Der Meister erklärte ihm, dass das Trainieren des Sitzens auch den Gleichgewichtssinn stärke. Das wollte der Europäer nicht einsehen. Was habe denn sitzen mit kämpfen zu tun? Gut zu sitzen sei die Bewahrung des Gleichgewichts, und während der Meister dies erläuterte, schob er den Europäer sanft an. Dieser kippte einfach von der Bank. Dann setzte sich der Meister auf die Bank und forderte den Europäer auf, ihn umzustoßen. Dieser versuchte es mit aller Kraft, doch er schaffte es nicht, den Meister auch nur einen Zentimeter zu bewegen. Da verlagerte der Meister plötzlich sein Gewicht und der Europäer stürzte zu Boden.

»Ich hoffe«, sagte der Meister, »Ihr habt nun die Bedeutung des Gleichgewichts für Leib und Seele erkannt.«

Über die zweite Regel

Habe Respekt vor anderen

Peter Ziegel setzte sich ins Taxi, ließ sich zum Tempel bringen und schlenderte durch die Anlage. Irgendwo ließ er sich nieder, blieb und meditierte, dachte nach.

Gestern hatte er die erste Lektion erhalten. Nun hoffte er auf die zweite Lektion.

Irgendwann stand der junge Mönch vor ihm. Sein Gesicht strahlte. Peter Ziegel hatte den Eindruck, als freue sich der Mönch, dass er zurückgekommen war. Der Mönch winkte, ihm zu folgen und führte ihn wieder in einen Innenhof, einen anderen als tags zuvor. Unter einem großblättrigen Baum saß der alte Weise. Als wäre sein Kommen schon erwartet worden, stand daneben ein Stuhl, auf einem kleinen Tischchen befanden sich eine Kanne Tee und zwei Tassen. Er wurde durch Gesten eingeladen, sich zu setzen. Tee wurde eingeschenkt, er trank in kleinen Zügen.

Peter Ziegel hatte das Bedürfnis, etwas zu sagen: »Vielen Dank für die erste Lektion. Ich habe das Gefühl, als ob ich viel gelernt hätte. Ich weiß nicht, woher es kommt. Ich habe mich danach gesehnt, wieder hierher zu kommen. Ich will noch weiter zuhören …«

Seine Worte kamen ihm dumm vor. Der junge Mönch übersetzte und ein Lächeln huschte über die Gesichtszüge des weisen Alten.

»Ein Schiff kann nicht immer mit dem Wind segeln, eine Armee wird nicht immer alle Schlachten gewinnen.«

风无常顺，兵无常胜。

Ein Schiff kann nicht immer mit dem Wind segeln, eine Armee wird nicht immer alle Schlachten gewinnen.

»Was sagt Dir dieses Wort?«, fragte ihn der Junge.

»Ich soll erkennen, dass man auch mit Fehlern leben kann. Oder, dass Fehler etwas Selbstverständliches sind. Viele Fehler sind nicht einmal selbst verschuldet. Ich soll bei Fehlern oder Problemen nicht verzagen.«

»Genau. Und unser Lehrer will Dir noch ein Wort mitgeben: Keine Melone ist vollkommen rund und kein Mensch ist perfekt.«

瓜无滚圆，人无十全。

Keine Melone ist vollkommen rund und kein Mensch ist perfekt.

Peter Ziegel protestierte. So schnell wollte er seine vertrauten Werte nicht aufgeben. »Aber es ist doch mein Ziel, den perfekten Zustand zu erreichen. Unsere Kunden fordern perfekte Leistung. Wir müssen immer besser werden.«

Die beiden Mönche schienen sich über seine Worte zu amüsieren. Der Alte sprach viel mehr als sonst und der junge Mönch nickte.

»Der Lehrer hat Dich verstanden. Er sagt, aus diesem Denken kommen Eure Unrast und letztendlich viele Eurer Fehler. Er sagt: Es ist genauso unmöglich, einen perfekten Menschen zu finden, wie es unmöglich ist, hundertprozentig reines Gold zu finden. Und er sagt: Ein Mensch kann nicht immer Glück haben, so wie die Blumen nicht immer blühen können.«

人无完人，金无足赤。

Es ist genauso unmöglich, einen perfekten Menschen wie hundertprozentiges reines Gold zu finden.

人无千日好，花无百日红。

Ein Mensch kann nicht immer Glück haben, so wie die Blumen nicht immer blühen können.

Die Beispiele waren so einfach. Die Weisheit war so einfach. Die Blumen konnten nicht immer blühen. Aber Peter Ziegel wollte dem widersprechen: In der Vase konnten doch immer blühende Blumen sein. Vielleicht fände man keinen perfekten Menschen, aber es gäbe perfekte Prozesse und wenn die Menschen nach diesen Prozessen arbeiteten, so wäre dies schon perfekt.

Nur – warum um alles in der Welt musste etwas perfekt sein? Wir haben den perfekten Anspruch und machen viele Fehler, weil wir uns überfordern. So dachte er und wollte es doch nicht denken. Hätten wir nicht den Anspruch, perfekt zu sein, dann würden wir womöglich weniger Fehler machen.

Er wollte darüber nachdenken. Peter Ziegel erkannte, dass er seine Ansprüche würde überprüfen und vielleicht ändern müssen. Weniger ist manchmal mehr. Er würde sich seine Fehler verzeihen und er würde seinen Mitarbeitern Fehler verzeihen. Vielleicht konnte daraus in der Tat Neues erstehen, eine neue Kultur, eine neue Bewegung.

Er trank den Tee aus. Der Tee schmeckte bitter. Er hätte sich Zucker gewünscht, aber so konnte er den Tee besser schmecken. Der Geschmack des Tees blieb auf seiner Zunge.

Der Alte sah ihn an und gab ihm noch folgende Ratschläge:

»Wer arbeitet, macht auch Fehler. Ein Mensch kann stolpern, wenn er geht, und ein Pferd kann stolpern, wenn es galoppiert. Und trotzdem muss man sich natürlich auch gegen Fehler wappnen: Ein Messer rostet, wenn es nicht geschliffen wird, und das Wasser wird trüb, wenn man es nicht fließen lässt.«

人有失足，马有失蹄。

Ein Mensch kann stolpern, wenn er geht, und ein Pferd kann stolpern, wenn es galoppiert.

刀不磨要生锈，水不流要发臭。

Ein Messer rostet, wenn es nicht geschliffen wird, und das Wasser wird trüb, wenn man es nicht fließen lässt.

Peter Ziegel sah stumm vor sich hin, lauschte den Worten.

»Der Meister meint«, so fügte der Übersetzer hinzu, »dass man Fehler akzeptieren muss, dass man aber aus ihnen lernen soll und sich von ihnen niemals entmutigen lassen darf. Du bist auf der Suche nach einem Weg, nach Deinem Weg. Unsere Tradition sagt uns, dass die Suche nach dem Weg gleich dem Erklimmen eines hohen Berges ist. Wer auf der Suche ist, wird sich also einen Berg und einen Führer auswählen, der ihm den Weg weisen kann. Beides ist bestimmend für den Erfolg der Suche. Ist der Weg auf den Berg zu steil, oder ist der Führer zu unerfahren, so wird man nicht bestehen. Aber auch wenn man die richtige Wahl getroffen hat, ist der Sieg noch nicht gesichert. Auf dem Weg wird man mit vielen Problemen und Widrigkeiten zu kämpfen haben. Man muss sich anstrengen. Es wird wie ein Zweikampf mit dem Berg sein. Der Berg verlangt die ganze Aufmerksamkeit. Jede Bewegung muss mit Genauigkeit durchgeführt werden. Der Führer kann raten, aber jeder muss selbst die Ratschläge umsetzen. Jeder muss selbst einen Schritt vor den nächsten setzen. In Wahrheit stellt der Weg den Kampf eines jeden Menschen mit sich selbst dar. So erhält der Mensch Klarheit über sich selbst. Und wenn er den Weg weiter geht, erhält er auch Klarheit über die Menschen, die ihn umgeben, und über die Handlungen, die er zu tun hat. Ist der Mensch schließlich aus der Talsohle aufgestiegen und hat er alle Prüfungen des Schicksals gemeistert, steht er auf dem Gipfel und ist mit sich zufrieden. Dann werden ihm

Dinge gelingen, die er vorher nicht einmal zu versuchen gewagt hätte.

Der Pfad ist lang, gewunden und schwierig. Der Schlüssel zum richtigen Weg ist, sich nicht entmutigen zu lassen und durchzuhalten. Der Kampf mit den eigenen Fehlern, Schwächen und Illusionen ist erbarmungslos. Der Suchende muss die Geduld aufbringen, die eigenen Fehler unnachgiebig anzugehen und sich ihnen entgegen zu stellen. Die wichtigsten Fallen sind Hochmut, Feigheit, Ungeduld und Zweifel. Daran sind schon viele gescheitert.«

Peter Ziegel war verwundert. So lange hatte der junge Mönch noch nie gesprochen. Als er aufblickte, sah er, dass der Alte verschwunden war.

»Ich werde nach Europa zurückreisen«, sagte Peter Ziegel. »Und ich werde versuchen, umzusetzen, was ihr mich gelehrt habt.«

»Das ist gut.«

»Aber ich werde wiederkommen und berichten.«

»Das ist gut.«

Peter Ziegel erhob sich. Die Sonne schien und wärmte wohltuend. Er fühlte sich erholt und kräftig.

»In unserem Kloster gibt es drei Regeln«, sagte der Mönch mit leiser Stimme. »Diese möchte ich Dir auf Deine Lebensreise mitgeben: Habe Respekt vor Dir selbst, habe Respekt vor anderen, und schließlich: Habe Respekt vor all deinen Handlungen und trage die Verantwortung für sie.«

Peter Ziegel nickte, murmelte eine Dankesformel und verließ das Kloster.

Am nächsten Tag checkte er am Flughafen für seinen Heimflug ein. Die Maschine startete und brachte Peter Ziegel zurück in seine Welt.

*

Als Peter Ziegel in seinem Büro eintraf, befanden sich auf seinem Computer dreihundert ungelesene E-Mails. Er beschloss, keine von ihnen zu öffnen. Er fragte die Sekretärin, wie sie sich fühle. Sie wollte schon abweisend und nichts sagend mit »Gut!« antworten. Peter Ziegel würde vorbeieilen wie immer. Aber das tat er dieses Mal nicht, und die Sekretärin stellte erstaunt fest, dass er meinte, was er sagte. So erzählte sie, dass sie einen wichtigen Termin mit dem Vorstand nicht habe vereinbaren können, und es ihr Leid tue, dass sie eine der gewünschten Präsentationen erstellt habe, aber nicht wisse, ob er zufrieden sein werde, und dass sie nachts nicht schlafen könne, weil ihre kleine Tochter krank sei. Er schlug ihr vor, zu Hause zu bleiben, bis es der Tochter wieder besser ginge. Seine Sekretärin war sprachlos vor Überraschung.

Peter Ziegel hatte fünf Abteilungsleiter. Diese bat er nacheinander zum Gespräch und ließ sich berichten, was in der letzten Woche alles vorgefallen sei. Er hatte sich vorgenommen, zuzuhören, nicht ständig mit Fragen zu unterbrechen. So erfuhr er viel aus dem Geschäft, viel mehr, als er sonst mit seinen Fragen erfahren hätte. Als die Mitarbeiter bemerkten, dass er sie ernst nahm, erzählten sie nicht nur Probleme, sondern machten auch Vorschläge zur Verbesserung der Zustände. Peter Ziegel wunderte sich, wie kompetent seine Mitarbeiter über ihre Arbeit berichteten. Das war ihm im vergangenen halben Jahr nicht aufgefallen.

Jedes Gespräch beschloss er, indem er den Mitarbeiter fragte, ob er ihm etwas Gutes tun könne, er, Peter Ziegel, ihm persönlich. Er hatte sich diese Frage nicht überlegt. Sie kam spontan, und er wunderte sich über die Antworten. Der eine bat um eine fällige Entscheidung, der nächste um eine halbe Stunde Zeit, um mit ihm ein besonderes Thema durchzusprechen. Der dritte wünschte sich Unterstützung bei einer fälligen Personaleinstellung, und ein anderer bot an, die Leitung einer Arbeitsgruppe zu übernehmen, die wichtige Innovationen erkunden sollte, wenn er dies wolle.

Peter Ziegel fühlte sich nach diesen Gesprächen richtig gut. Er konnte sich plötzlich für so manche Probleme Lösungen vorstellen. Noch nicht genau, nicht konkret, aber er wusste, dass sie Lösungen finden würden. Er empfand mit einem Mal Respekt vor sich selbst und Respekt vor seinen Mitarbeitern. Er wunderte sich nur ein wenig, warum er eigentlich seinen Mitarbeitern nichts zugetraut hatte. Diese Leute waren doch gar nicht so schlecht.

Dann saß er in seinem Büro, schrieb alle Probleme, Aufgaben, Herausforderungen auf, die ihm einfielen. Schließlich ordnete er sie noch, bündelte sie, brachte zusammen, was zusammen gehörte. Das dauerte bis in den späten Abend.

Jetzt erkannte er die Schwierigkeiten, die sie hatten, die vor ihnen lagen. Sie mussten nur noch gelöst werden.

*

Am nächsten Tag brach das Tagesgeschäft mit Macht über ihn herein. Ein Kunde rief an und beschwerte sich über den Service, eine Straßenbahn entgleiste in einer Stadt in Nordamerika, ein Türenhersteller machte Pleite und konnte nicht mehr liefern. Ein Mitarbeiter, der eine neue Engineeringgruppe aufbauen sollte, erkrankte und fiel für einige Monate aus. Ein Vertriebsgruppenleiter übergab ihm seine Kündigung, weil er in »diesem Saftladen«, wie er ihn nannte, nicht länger arbeiten wolle. Der Vorstandsvorsitzende wollte wissen, wie sich die Ergebniszahlen entwickelten. Ein anderer Vorstand bestand darauf, sofort die Chinastrategie erläutert zu bekommen.

Peter Ziegel fauchte daraufhin seine Sekretärin an, sie solle gefälligst mehr arbeiten. In seinem PC warteten bereits vierhundert ungelesene Mails auf ihn.

Er schwitzte. Nur nicht nachgeben. Nur nicht klein beigeben. Er würde sich durchkämpfen. Er musste halt noch etwas schneller arbeiten. Er würde die Lösung finden. Er lud seine Abteilungsleiter zum Rapport, fragte, ließ sie aber nicht ausreden, gab Anweisungen, die sich gegen die strategischen Grundvereinbarungen wendeten. Er ließ seinen Abteilungsleiter reichlich verwirrt zurück.

Irgendwann merkte er selbst, dass er wieder im Begriff war, das Chaos zu schüren und zu verstärken. Er hatte das Geschäft nicht länger in der Hand, es steuerte ihn.

So ging es die ganze Woche.

Am Wochenende nahm er sich eine Aktentasche voller Arbeit mit nach Hause. Er bekam Streit mit seiner Frau, weil sie an diesem Wochenende eigentlich zu ihren Eltern hatte reisen wollen. Da er keine Zeit hatte, fuhr sie alleine.

Er kämpfte sich durch die Mails, und es war schon spät in der Nacht, als er eine Nachricht von seinem chinesischen Stellvertreter las, dass der Kunde, die Stadtwerke Beijing, nun doch Interesse an dem innovativen Straßenbahnkonzept hätte.

Atemlos und stumm saß er vor seinem PC.

»China«, seufzte er.

Dieses Geschäft hatte er schon abgehakt. Und er wollte auch nicht erneut nach China fahren.

Oder? Er dachte nach. Doch, er wollte wieder nach China fahren, sofort.

Und schon am Montag saß er abermals im Flugzeug. Es war fast wie eine Flucht. Er saß bequem. Er las nicht, er sah sich keinen Film an. Er unterhielt sich nicht.

»Ich habe Respekt vor mir«, formulierte er im Geist. »Ich habe Respekt vor meinen Mitarbeitern. Ich habe Respekt vor meinen Handlungen.«

Wie konnte er sich aus der Krise befreien? Wie konnte er sich Freiraum schaffen? Wie konnte er Lösungen erarbeiten?

Er fuhr mit dem Taxi zum Hotel und duschte.

Dann rief er seinen Mitarbeiter an und vereinbarte mit ihm einen Termin am morgigen Tag. Sie wollten sich zuerst absprechen und dann zum Kunden gehen.

Für heute aber wollte er keine Termine mehr vereinbaren.

Eine asiatische Weisheitsgeschichte: Von vermeintlicher Stärke

Ein Meister der Kampfkunst war in ein abseits gelegenes Dorf gezogen und hatte sich dort niedergelassen. Er bemerkte sehr bald, dass die Menschen ihm Ehrfurcht und Respekt zollten. Zunächst genoss er dies im Stillen, aber bald gewöhnte er sich daran und forderte, wo immer er sich befand, diesen Respekt ein. Er verbat sich jeden Widerspruch, und wenn es doch einer wagte, so schlug er ihn. Dies ging so lange, bis er eines Tages bei einem Spaziergang einem kleinen alten Mann begegnete. Der Alte machte keine Anstalten, ihm aus dem Weg zu gehen, sondern trippelte einfach ruhig vor ihm her. Das ärgerte den Kampfmeister und er versuchte, den Alten zur Seite zu schieben. Der aber blieb auf seinem Weg. Der Kampfmeister wollte den Alten mit Faustschlägen vertreiben, doch dieser wich ihnen geschickt aus. Das ärgerte den Kampfmeister so sehr, dass er dem Alten eine Tracht Prügel verabreichte. Der wehrte sich zwar, konnte aber der Kraft und dem Geschick des Kampfmeisters nichts entgegensetzen. Nur einmal gelang es ihm, die Brust des Kampfmeisters zu berühren. Befriedigt über den Ausgang des Kampfes setzte der Meister seinen Weg fort.

Doch in den nächsten Tag fühlte sich der Kampfmeister immer schlechter. Er konnte nicht mehr recht atmen, hatte keinen Appetit und verfiel zusehends. Kopfschmerzen plagten ihn. Er dachte lange über die Gründe seiner Erkrankung nach und kam schließlich zu dem Schluss, dass es die Berührung des Alten gewesen sein musste. Vielleicht hatte der sein Energiezentrum getroffen. Vielleicht hatte diese Bewegung ihre Wirkung mit Verzögerung entfaltet. Schließlich kam er zu dem Schluss, dass ihm der Alte eine Lehre erteilt hatte. Ihm wurde klar, dass er sich vom Äußeren des alten Mannes hatte täuschen lassen und dass er seine eigene Kraft schmerzlich überschätzt hatte.

Voller Reue ließ er nach dem Alten, einem Einsiedler, der außerhalb des Ortes wohnte, rufen. Er entschuldigte sich für sein fehlerhaftes Verhalten und dankte ihm dafür, dass er ihm die Augen für die Wahrheiten des Lebens geöffnet habe. Der Alte pflegte den Kampfmeister eigenhändig. Als der Kampfmeister wieder gesund war, bat er den Alten, ihn als Schüler aufzunehmen. Als der Alte einwilligte, zog er in die Einsiedelei um, blieb bis zum Lebensende des Alten sein Schüler und wurde ein weiser und geehrter Kampfmeister. Die Menschen erkannten ihn an und hatten Respekt vor ihm.

Über die dritte Regel

Habe Respekt vor Deinen Handlungen

Mit dem Taxi fuhr er zum Lamakloster. Die Halle des Ewigen Schutzes war einst die Wohnhalle des Prinzen. Drei Buddhafiguren befinden sich hier, der Buddha des Löwengebrülls, der Buddha des unendlichen Lichts und der Buddha der Medizin. Im letzten Hof verbinden im ersten Stock zwei Galeriegänge wie Brücken die Zentralhalle mit den beiden Seitenpavillons. Die Konstruktion hat trotz ihrer Kolossalität etwas Schwebendes.

Im Mittelteil der dreigeschossigen Pagode des Zehntausendfachen Glücks stand er gebannt, ergriffen und beeindruckt vor der 26 Meter hohen Buddhastatue. Sie ist aus einem einzigen Sandelholzbaumstamm geschnitzt und wurde vor über 250 Jahren Kaiser Qianlong vom 7. Dalai Lama aus Dankbarkeit für die Hilfe bei der Niederschlagung eines Aufstands in Tibet geschenkt.

Der Koloss wurde aus der Provinz Yunnan nach Beijing gebracht. Acht Meter steckt die Statue im Boden, um ihre Standfestigkeit zu sichern. Der Pavillon selbst wurde erst nach der Aufstellung der Buddhastatue errichtet.

Es ist der Buddha der Zukunft.

*

Peter Ziegel saß im Schneidersitz in einer Ecke, saß und schwieg und wartete. Bis auf einmal der junge Mönch, der Übersetzer, vor ihm stand. Er lächelte nicht, er blickte einfach nur ruhig vor sich hin. Aber er erkannte ihn.

»Folgen Sie mir.«

Peter Ziegel stand auf und folgte dem Mönch.

»Ich bin erst heute angekommen.«

Aber das interessierte niemanden.

Der Alte stand an einen Baum gelehnt, als hätte er auf ihn gewartet.

Sie gaben sich nicht die Hand. Er kniete vor dem Alten nieder. Was tat er da? Er hatte noch nie vor einem anderen Menschen gekniet.

Aber er kniete. Dann sprach der Alte, und der junge Mönch übersetzte:

»Blicke unangenehmen Dingen fest ins Auge und ihre Bedrohung wird vergehen.«

见怪不怪，其怪自败。

Blicke unangenehmen Dingen fest ins Auge und ihre Bedrohung wird vergehen.

Diese Mönche hatten leicht reden. Er war ja schließlich wieder hier, um diese Verhandlungen zu führen. Nein, das war nicht richtig. Er war geflüchtet. Dieser Tatsache musste er fest ins Auge sehen.

Er hatte sich viel vorgenommen, als er nach Deutschland zurückgekehrt war, doch er hatte kläglich versagt. Der Kleinkrieg des täglichen Geschäftslebens hatte ihn eingeholt und er hatte mitgespielt, weil er nichts gelernt hatte. Dies musste er zur Kenntnis nehmen. Er hatte dieser unangenehmen Tatsache, dass er versagt hatte, dass er immer wieder versagte, nicht entschieden ins Auge gesehen. Hatte es gar nicht wahr haben wollen, und immer andere gefunden, die schuldig waren, während er selbst geflüchtet war.

Der Mönch sah ihn fest an und bedeutete ihm, sich zu setzen.

»Flüsse und Berge werden sich verändern, aber es ist schwierig, die Persönlichkeit auch nur eines einzigen Menschen zu ändern.«

Ja, das stimmte. Auch seine Persönlichkeit war nur schwer zu verändern. Nur er konnte sie ändern, wenn das überhaupt möglich war. Aber warum sollte er sich und die anderen nicht einfach so hinnehmen?

江山易改，本性难移。

Flüsse und Berge werden sich verändern, aber es ist schwierig, die Persönlichkeit auch nur eines einzigen Menschen zu ändern.

Der junge Mönch sprach nun mit ihm.

»Wir sehen, dass es Dir nicht gut geht.«

»Ich habe versagt. Ich hatte nicht genügend Kraft.«

»Nein, Du hast noch nicht ausreichend gelernt. Du hast Respekt vor Dir gewonnen, und Du hast Respekt vor Deinen Mitarbeitern gewonnen. Aber Du hast noch nicht Respekt vor Deinen Handlungen gewonnen.«

Woher wusste der Mönch, was er in der letzten Woche erlebt hatte?

»Du musst Dich um Deine Taten kümmern.«

Peter Ziegel spürte Unwillen in sich aufsteigen. Ja, natürlich musste er das, bloß wie sollte er es anfangen?

»Wenn Du mit einem Freund trinkst, können tausend Gläser nicht genug sein; wenn Du mit einem anderen streitest, ist schon ein halber Satz zu viel.«

> 酒逢知己千杯少，话不投机半句多。
>
> **Wenn Du mit einem Freund trinkst, können tausend Gläser nicht genug sein; wenn Du mit einem anderen streitest, ist schon ein halber Satz zu viel.**

Er musste lernen zu differenzieren. Er musste sein Engagement selektieren, musste seine Zeit einteilen. Und er sollte mehr Zeit in seine Abteilungsleiter investieren und dafür andere Probleme ignorieren, oder besser noch an andere delegieren.

In seine Überlegungen hinein ertönte wieder die Stimme des Übersetzers:

»Es ist leicht, tausend Soldaten zu finden, aber schwer, einen guten General zu finden.«

千军易得，一将难求。

Es ist leicht, tausend Soldaten zu finden, aber schwer, einen guten General zu finden.

Er hatte sich immer viel Mühe gegeben, seine Mitarbeiter auszusuchen. Sie sollten die besten sein. Sie sollten gut zusammenarbeiten. Sie sollten effizient sein. Und doch, manche Aufgaben waren nun mal schwieriger. Man musste sich daher auf die wichtigen Aufgaben konzentrieren. Und die wichtigste Aufgabe war nun einmal, sich um die wichtigsten Mitarbeiter zu kümmern, sie aufzubauen, sie zu stärken, sie zu fördern. Dafür hatte er keine Zeit gehabt. Das war sein Fehler.

Das war ihm nun klar geworden: er hatte sich um seine Mitarbeiter zu kümmern. Er musste sie stärken, damit sie erfolgreich die anderen Aufgaben, die großen und kleinen Katastrophen bewältigen konnten.

Der Mönch schien seine Gedanken zu lesen, denn er sagte: »Du denkst richtig.«

Und nach einer Pause fügte er hinzu: »Wenn die Menschen im Geist und im Herzen einig sind, können sie sogar den Tai Shan versetzen.« Peter Ziegel blickte den Mönch fragend an, und dieser erklärte: »Der Tai Shan ist der erste und bedeutendste unter den fünf Heiligen Bergen. Obwohl es andere Berge in China gibt, die höher sind als er, erscheint er in den Weisheiten als der größte und gewichtigste unter ihnen. Dieser Spruch bedeutet, dass du Berge versetzen kannst, wenn Dein Team gut zusammenarbeitet. Lass mich den Gedanken noch anders ausdrücken: Wenn die Menschen sich einig sind, kann sogar die gelbe Erde zu Gold werden.«

人心　，泰山移。

Wenn die Menschen im Geist und im Herzen einig sind, kann sogar die gelbe Erde zu Gold werden.

Warum musste dieser Mönch ihm etwas über Teams erzählen? Sicher kannte er, Peter Ziegel, sich mit Teams besser aus. Denn er wusste doch, wie man Teams gestalten konnte, wie sie arbeiteten. Er hatte viele Bücher darüber gelesen. Und dennoch – wenn er ehrlich war, musste er sich eingestehen, dass seine Mannschaft in Wahrheit gar kein Team war, und dass er sich offenbar als Teamleader auch gar nicht eignete. Alles, was er tat, war befehlen, Anweisungen geben, Vorwürfe machen. Wenn überhaupt, dann war er ganz allein das Team. Und damit war er erfolglos.

Er wollte hier weg. Brüsk stand er auf, das reichte ihm jetzt, er wollte keine weiteren Weisheiten mehr hören. Aber im gleichen Moment setzte er sich doch wieder hin, fast war es ihm ein Zwang. Er trank eine Tasse Tee, stürzte sie hinunter, voller Hast, voller Aggression.

Der Mönch sprach weiter, als wäre nichts gewesen:

»Ein Zaun wird von mindestens drei Pfählen gehalten. Auch ein Mensch benötigt die Hilfe von drei anderen Personen. Wenn Du der Zaun bist, so brauchst du gute Mitarbeiter, die deine Pfähle sind. Ein Zaun ist ohne Pfähle nichts.«

一个篱笆三个桩，一个好汉三个邦。

So wie ein Zaun von mindestens drei Pfählen gehalten wird, benötigt auch ein Mensch die Hilfe von drei anderen Personen.

Hatte er die richtigen Mitarbeiter? Hatte er die richtigen Pfähle?

Und der Mönch sprach abermals.

»Alles ist bereit, nur der Ostwind nicht.«

万事俱备，只欠东风。

Alles ist bereit, nur der Ostwind nicht.

Fragend blickte Peter Ziegel den alten Mönch an und bemerkte ein Lächeln auf dessen Gesicht.

»Hinter diesem Ratschlag verbirgt sich eine Geschichte. Ich will sie Dir erzählen. Zur Zeit der drei Königreiche – in Eurer Zeitrechnung war dies im dritten Jahrhundert nach Christus – kämpften die vereinigten Truppen der Königreiche Wu und Shu gegen das Königreich von Wei. Zhou Yu war der Feldherr der vereinigten Truppen und er entwickelte den Plan, brennende Schiffe gegen die Flotte von Wei zu schicken und sie dadurch zu verbrennen. So wurde alles vorbereitet. Zhou Yus Flotte ankerte im unteren Teil den Yangtze Flusses und die Flotte des Gegners befand sich im westlichen Teil. Schließlich war alles fertig, wie der Feldherr es befohlen hatte, es hätte nur noch des Ostwindes bedurft, der die brennenden Schiffe mit Sicherheit und Genauigkeit in Weis Flotte trieb. Alles war bereit, nur der Ostwind fehlte.«

Damit schwieg der Mönch. Peter Ziegel verstand, dass die Lektion für heute beendet war. Er bedankte sich still, ohne dass die Mönche davon Notiz zu nehmen schienen. Dann entfernte er sich und schritt durch den Park des Tempels auf den Ausgang zu. Er schritt kräftig aus und spürte, wie gut ihm die Bewegung tat. Gut gelaunt, fast fröhlich kam er in seinem Hotel an. Dort duschte er ausgiebig, begab sich zu Bett und schlief tief und traumlos.

Eine asiatische Weisheitsgeschichte: Vom Schicksal

Einst beschloss der große General Nobunaga, einen übermächtigen Gegner anzugreifen. Trotz der Stärke des Feindes war er sich des Sieges gewiss. Nicht so seine Männer: Sie zögerten und zauderten, denn sie wussten, dass der Gegner wesentlich stärker war und fürchteten sich vor ihm. Dem General blieb die Furcht seiner Soldaten nicht verborgen. Deshalb ließ er an einem schintoistischen Schrein Halt machen und erklärte seinen Truppen, dass er hier meditieren wolle, sich sammeln und die Götter um Hilfe bitten. Anschließend werde er eine Münze werfen. Kopf bedeute den Sieg, Zahl die Niederlage. Sie würden sich dem Schicksal unterwerfen.

Er meditierte in dem Schrein eine Weile, trat dann wieder vor seine Truppen und warf die Münze. Es war Kopf. Die Kämpfer fassten nun Mut und kämpften voller Inbrunst. So schlugen sie den Gegner vernichtend.

Nach dem Sieg wandte sich ein Adjutant an den General mit den Worten, dass ja nun niemand den Verlauf einer solchen Schlacht vorhersagen oder beeinflussen könne. Es sei eben das Schicksal. Dieser Sieg sei wohl der Beweis dafür. Da nahm der General die Münze hervor und zeigte sie seinem Adjutanten. Es war eine falsche Münze, sie zeigte auf beiden Seiten Kopf.

Die Verhandlungen am nächsten Tag verliefen sehr gut. Grund dafür war, dass Peter Ziegel den wichtigsten Teil seinem Mitarbeiter überließ. Diesem gelang es, eine Vertrauensbasis mit dem chinesischen Kunden zu schaffen, die Peter Ziegel nur bestätigte. Die Verhandlungen wurden weitgehend in chinesisch geführt, sodass er nur das mitbekam, was ihm übersetzt wurde. Aber er wurde nicht unruhig. Er dachte an die Ratschläge der Mönche und im Grunde auch an seine eigenen Überzeugungen. Lasst uns ein Team sein. Lasst immer den Besten aus dem Team seinen Teil ableisten. Und in diesem Fall stand es außer Frage, dass sein chinesischer Partner in den Verhandlungen besser war als er. Endlich der Erfolg: Die Kunden waren einverstanden, sie wollten ihr Straßenbahnkonzept für Beijing übernehmen.

Peter Ziegel wusste sehr wohl, dass dies nur ein Etappensieg war, aber er fühlte sich gut. Er unterrichtete die Vorstände zu Hause von der guten Neuigkeit. Danach musste er mit seinem Partner und den Kunden Mau Tai trinken, einen chinesischen Schnaps, wie es Brauch ist, wenn Verhandlungen abgeschlossen werden. Deshalb konnte er heute nicht mehr das Kloster besuchen.

*

Die Sonne schien. Wie schön Beijing sein konnte, wenn die Sonne schien. Wie schön eine Stadt sein konnte, wenn man erfolgreich war.

Der Park des Lamakloster glänzte am nächsten Morgen im Sonnenlicht. Peter Ziegel setzte sich auf eine Bank und entspannte sich. In der Ferne hörte er die Tempelglocken und den Singsang der Mönche. Nach einer Weile blickte er auf und sah den Übersetzer vor ihm stehen.

»Du bist zufrieden«, sagte dieser.

»Woran siehst Du das?«

»Es ist das, was Du ausstrahlst.«

Peter Ziegel wunderte sich. Er hätte nicht für möglich gehalten, dass allein sein Anblick echte Zufriedenheit vermitteln konnte.

»Der Meister wartet auf Dich.«

Er folgte dem jungen Mönch wieder durch das Labyrinth von Hallen, Höfen, Gärten, bis sie in einen kleinen, fast ein wenig schäbigen Innenhof kamen.

»Hier lebt der Meister«, erklärte der Übersetzer.

Der Meister lag auf einer Pritsche. Es ging ihm an diesem Tag nicht sehr gut.

»Er ist sehr alt«, sagte der Übersetzer.

Peter Ziegel verbeugte sich vor dem Meister.

Er wusste nicht, was er sagen wollte. Mitfühlende Worte schienen ihm nicht angemessen. Dann sprach der Alte einige Worte. Der junge Mönch erklärte ihm: »Setz Dich. Der Meister möchte Dir noch eine letzte Lektion mitgeben.«

Der Meister sprach länger, als er jemals zuvor zu ihm gesprochen hatte. Als er geendet hatte, übersetzte der junge Mönch seine Worte.

»Ein kleines Loch, das nicht geschlossen wird, wird bald zu einem großen Loch, das nur noch unter großen Schwierigkeiten geschlossen werden kann.«

小洞不补，大洞叫苦。

Ein kleines Loch, das nicht geschlossen wird, wird bald zu einem großen Loch, das nur noch unter großen Schwierigkeiten geschlossen werden kann.

Ja, so ist es. Und vergiss auch nicht, dass kleine Dinge eine große Wirkung haben können: »Eine winzige Menge Mäusedreck verdirbt einen ganzen Topf Haferbrei.«

一粒老鼠屎，坏了一锅粥。

Eine winzige Menge Mäusedreck verdirbt einen ganzen Topf Haferbrei.

Und weiterhin: »Eine unachtsame Bewegung gefährdet das gesamte Spiel.«

一着不慎，满盘皆输。

Eine unachtsame Bewegung gefährdet das gesamte Spiel.

Peter Ziegel sagte nichts. Was hätte er auch sagen sollen. Der Mönch hatte Recht. Viel zu oft hatte er in der Vergangenheit vergeblich versucht, der großen Katastrophen Herr zu werden, und dabei versäumt, die kleinen Löcher zu stopfen, die neue Katastrophen verursachten. So hatte er niemals eine Chance gehabt, wirklich etwas grundlegend zu verändern.

Der junge Mönch bot ihm Tee an. Dankbar nahm er an. Während sie auf den Tee warteten, fragte ihn sein Übersetzer, ob er alles verstanden habe, was der Meister gesagt hatte.

»Ja«, sagte Peter Ziegel, »aber …«

Er fand die Worte nicht, doch der junge Mönch schien seine Frage dennoch verstanden zu haben: »Eine Sekunde ist wertvoller als ein Gramm Gold.

Du musst auf Deine Zeit achten. Sie ist wichtig für Dich, für Deine Mitmenschen und für Deine Handlungen. An dieser Frage wirst Du die Grundregel unserer Philosophie erfassen können. Respekt vor Dir selbst bedeutet Zeit für Dich selbst. Respekt vor anderen bedeutet Zeit für andere. Respekt vor Handlungen bedeutet Zeit für Handlungen. Du musst eine andere Einstellung zur Zeit gewinnen.«

> 一寸光阴一寸金，寸金难买寸光阴。
>
> **Eine Sekunde ist wertvoller als ein Gramm Gold.**

Der alte Meister hatte Zeit für ihn gehabt. Nun kamen zwei andere Mönche heran, hoben ihn von seinem Lager auf und führten ihn in einen anderen Raum. Es ging ihm nicht gut.

Was bedeutete es, Zeit für einen anderen zu haben? Der Alte hatte immer Zeit für alle. Aber manchmal benötigte man auch Zeit für sich selbst. Irgendwann lief auch die eigene Zeit aus.

»Es dauert zehn Jahre, bis ein Baum heranwächst, aber hundert Jahre, um eine Generation von guten Menschen heranwachsen zu lassen.«

十年树木，百年树人。

Es dauert zehn Jahre, bis ein Baum heranwächst, aber hundert Jahre, um eine Generation von guten Menschen heranwachsen zu lassen.

Der Alte war fort. Nur der Übersetzer war noch da. Noch einmal sprach er zu Peter Ziegel, und seine Stimme klang bestimmt und überzeugend. Vielleicht war auch er ein Weiser? Ein Meister von morgen, ein Weiser der nächsten Generation. Der Mönch war nicht mehr jung.

»Sitze fest im Fischerboot, auch wenn der Wind und die Wellen wüten.«

Das ist ein altes Bild in China. Wind und Wel-

任凭风浪起，稳坐钓鱼船。

Sitze fest im Fischerboot, auch wenn der Wind und die Wellen wüten.

len gehen über Dich hinweg, wenn Du Dich duckst, wenn Du Dich ruhig verhältst. Es ist manchmal gut, Ruhe zu bewahren und eine Situation auszusitzen.

Die Zukunft ist wichtig. Die Zukunft ist Dein Leben, darum bejahe sie und habe keine Angst vor ihr. Kinder können selbst für sich sorgen, wenn sie aufgewachsen sind, somit müssen Eltern nicht zu hart für die Zukunft ihres Nachwuchses arbeiten.

儿孙自有儿孙福，莫为儿孙做马牛。

Kinder können selbst für sich sorgen,
wenn sie aufgewachsen sind,
somit müssen Eltern nicht zu hart
für die Zukunft ihres Nachwuchses
arbeiten.

In der Zukunft werden sich noch viele wunderbare Dinge ereignen: Der Metzger, der einmal sein Schlachtermesser weglegt, wird Buddha werden.«

放下屠刀，立地成佛。

Der Metzger, der einmal sein Schlachtermesser weglegt, wird Buddha werden.

Peter Ziegel erhob sich, er fühlte sich voll von Weisheiten. Er würde nicht mehr wiederkommen. Fortan würde er seinen Weg gehen.

Eine letzte Botschaft gab ihm der Übersetzer mit: »Wenn ein Mensch sät, soll er auch ernten.«

Ja, die Menschen sollten ernten. Was hatten sie schließlich sonst davon, dass sie arbeiteten und sich einsetzten. Sie sollten Anteil an den Ergebnissen haben, sollten von ihrer Arbeit profitieren. Wie einfach asiatische Weisheiten sein konnten. Wie leicht ein Europäer dies vergessen konnte.

Peter Ziegel nahm Abschied.

Der Mönch gab ihm die Worte mit auf den Weg: »Vergiss Deine Spuren nicht. Ein Mensch hinterlässt seinen Namen, wo immer er sich befindet, so wie auch der Schrei einer Gans überall dort zu hören ist, wo sie fliegt.

人过留名，雁过留声。

Ein Mensch hinterlässt seinen Namen, wo immer er sich befindet, so wie auch der Schrei einer Gans überall dort zu hören ist, wo sie fliegt.

Was immer Du tust, bei jeder Tat hinterlässt Du Deine Spuren. Denke immer daran.«

*

Peter Ziegel flog zurück nach Deutschland. Er fühlte sich kräftig. Es war ein Gefühl, das er unterhalb der Bauchdecke spürte. Ein schönes Gefühl. Es fühlte sich angenehm warm an. Er schloss die Augen. Dieses Gefühl wollte er auskosten.

Er überlegte, wie er die Ratschläge wohl in die Tat würde umsetzen können, und wen er zu seinem Verbündeten machen könnte. Wer würde ihm helfen können? Da war zunächst sein Chef, mit dem musste er natürlich ein klärendes Gespräch führen. Und dann seine Segmentleiter. Er musste sie stärken, dann würden sie automatisch auch ihn stärken. Er musste ihre Persönlichkeit fördern, dann würden sie auch seine Persönlichkeit annehmen. Er musste ihnen Vertrauen schenken, dann würden sie auch ihm vertrauen. Er musste für ihre Situation Verständnis aufbringen, dann würden sie auch Verständnis für ihn aufbringen. In seinem Kopf versuchte er, die Weisheiten des Meisters zu sortieren. Zuerst erinnerte er sich an den Ausspruch, dass es leichter sei, tausend Soldaten als einen guten General zu finden. Hatte er die richtigen Generäle schon gefunden? Oder musste er noch auf die Suche gehen?

Er nahm ein Stück Papier und er schrieb all die guten Eigenschaften seiner Segmentleiter nieder. Er erinnerte sich an Situationen, in denen er sie in Aktion erleben konnte. Der eine hatte gut verhandelt, in einer Situation, die er für aussichtslos gehalten hatte. Der andere hatte mit seinen Mitarbeitern ein Seminar gemacht, welches er selbst für ziemlich überflüssig gehalten hatte. Hinterher jedoch hatte er mit einem der Mitarbeiter darüber gesprochen, und dieser war begeistert gewesen. Ein anderer hatte einmal eine

Strategie vorgelegt, wie er ein Marktsegment bearbeiten wollte. Doch ohne den Vorschlag überhaupt richtig gelesen zu haben, hatte er ihn abgelehnt. Später dann hatte er die Unterlagen noch einmal durchgeblättert und war überrascht gewesen über die inhaltliche Qualität. Aber er war zu feige gewesen, seine Entscheidung zu revidieren. Er hatte keine Größe gezeigt.

All diese Erkenntnisse schrieb er nieder auf sein Stück Papier, und seine Schrift wurde immer kleiner, weil ihm immer mehr positive Beispiele einfielen, die alle noch Platz finden mussten. Schließlich kam ihm die Erkenntnis, dass er wirklich gute, ja sogar exzellente Mitarbeiter hatte. Warum nur hatte er das nicht erkannt? Das gute Gefühl in seinem Bauch wurde stärker.

Er wusste nicht, welches Verhältnis die Segmentleiter untereinander pflegten. Waren sie ein Team oder waren es lauter Einzelkämpfer? Konnten sie den Tai Shan versetzen? Waren sie sich im Geist und im Herzen einig, wie der Weise gesagt hatte? Er hatte keine Ahnung. Zwar hatte er dann und wann gemeinsame Meetings veranstaltet, aber da standen Arbeitsthemen im Vordergrund. Er erkannte, wie wenig er über seine Segmentleiter wusste. Dabei war das Team so wichtig. Das wusste er doch, hatte es schon immer gewusst, bloß nicht berücksichtigt. Wie hatte der Weise gesagt? Wenn die Menschen sich einig sind, kann sogar die gelbe Erde zu Gold werden. Wenn sich seine Führungsgruppe einig war, dann konnten sie alle ihre Schwierigkeiten überwinden, dann konnten sie die Barrieren des Denkens und des Handelns beseitigen.

Er glaubte sich nun im Besitz der Erkenntnis, jetzt musste nur noch der Ostwind wehen. Und er war sicher, dass es ihm nicht ergehen würde wie dem Feldherrn Zhou Yu. Seine Boote würden in die richtige Richtung treiben.

Mitten hinein in seine Gedanken landete das Flugzeug in Frankfurt, viel zu früh. Der Ostwind hatte das Flugzeug angetrieben.

*

Peter Ziegel musste sich eingestehen, dass er etwas unsicher war, als er am nächsten Tag sein Büro betrat. Das angenehme Gefühl der Sicherheit, der Zuversicht war verschwunden. Die Wärme unter der Bauchdecke hatte sich verflüchtigt.

Er begrüßte seine Sekretärin freundlich. Er hatte sogar ein Geschenk für sie, eine Teetasse aus China. Darüber freute sie sich, war aber noch mehr überrascht – er hatte seiner Sekretärin noch nie ein Geschenk gemacht.

Sie informierte ihn über alles, was während seiner Abwesenheit geschehen war, und was in den nächsten Tagen auf ihn zukommen würde. Er hörte aufmerksam zu, zwang sich aber, nicht sofort Maßnahmen zu ergreifen. Nicht sofort zu handeln. Seine Sekretärin hatte die Aufgaben an die jeweils zuständigen Segmentleiter weitergegeben. Es gab keinen Grund, in Hektik zu verfallen.

An einem der nächsten Tage hatte er ein Gespräch mit seinem Chef. Er erzählte von seiner Suche nach der Weisheit, und zu seiner Überraschung hörte sein Chef interessiert zu. Er bestärkte ihn sogar. Die Gedanken seien gut, er müsse sie nur umsetzen. Peter Ziegel nickte. Er fühlte sich stark genug und konsequent genug, die Weisheit umzusetzen. Er bat seinen Chef um Unterstützung, wollte mit ihm seine Erfahrungen besprechen. Er nahm erfreut zur Kenntnis, dass sein Chef den Vorschlag gern annahm. Ja, er stehe ihm zur Verfügung. Das sei schließlich seine Aufgabe.

Dann lud er seine Segmentleiter zu einem Gespräch ein. Für diese Sitzung gab es keine Agenda, was an sich schon verwunderlich war. Doch so war es von ihm gewünscht. Stattdessen berichtete er seinen Mitarbeitern von seinen Erlebnissen in China. Er erzählte von seiner Suche nach der Weisheit. Die Mitarbeiter hörten ihm interessiert zu. Zuerst war er unsicher gewesen, wie er beginnen sollte. Aber dann entschied er sich, seine Erfahrungen ganz offen zu schildern. So entspann sich bald eine lebendige Diskussion darüber, wie sie in Zukunft zusammenarbeiten wollten. Seine Mitarbeiter machten Vorschläge, diskutierten darüber und fanden bald zu einem viel versprechenden Konzept. Sie waren ein Team.

Für Peter Ziegel brachten diese Gespräche eine neue Erkenntnis. Früher hatten ihn Zweifel geplagt. War die Qualität seiner Mitarbeiter angemessen? Konnte er sich auf sie verlassen? Konnte er sich mit ihnen auch arrangieren? Nun entdeckte er, dass er ihre Persönlichkeit gar nicht in Frage stellen musste, dass er gar keinen Anlass hatte, sie zu Veränderungen zu drängen. Seine Mitarbeiter fügten sich in ihr Team ein, so wie sie waren. Nicht sie mussten sich ändern. Er musste sich ändern, ein klein wenig. Und das hatte er nun endlich begriffen. Voller Überzeugung machte er sich daran.

Der alte Weise hatte gesagt: Flüsse und Berge werden sich verändern, aber es ist schwierig, die Persönlichkeit auch nur eines einzigen Menschen zu ändern. Das war richtig. Aber es war ja auch gar nicht notwendig. Er musste keine dieser Persönlichkeiten ändern. Er konnte mit diesen Persönlichkeiten die Berge verändern.

In den nächsten Tagen hatte er mit seinen Mitarbeitern noch so manches Meeting. Sie gingen gemeinsam konsequent jedes Problem an, analysierten es und erarbeiteten Lösungsvorschläge. Und jeweils einer der Mitarbeiter übernahm die Umsetzung, unterstützt von den anderen. Auch von Peter Ziegel. Er hatte nun erkannt, dass nicht er alles alleine lösen musste. Seine Mitarbeiter waren froh, dass sie sich nun mit ihren Talenten, ihrem Können und mit ihrer Persönlichkeit einbringen konnten.

Nach nur wenigen Wochen stellte Peter Ziegel fest, dass die Mitarbeiter die Arbeitsaufgaben routiniert bearbeiteten und lösten. Und nicht nur das, er meinte auch eine neue Aufbruchstimmung zu verspüren. Schließlich sprach ihn ein Kollege an. Er habe festgestellt, sagte dieser, dass die Leistung im Team von Peter Ziegel zugenommen habe. Das sei wirklich bemerkenswert, wie er das denn bewerkstelligt habe? Peter Ziegels Antwort fiel recht allgemein aus. Er nannte drei Regeln.

Auch sein Chef gratulierte ihm. Das sei ein guter Anfang. Nun müsse er das natürlich noch durchhalten. Führung sei eine immer währende Arbeit.

*

Peter Ziegel war fasziniert davon, dass er so viel hatte bewegen können – allein dadurch, dass er seine Mitarbeiter ernst nahm, dass er ihnen mehr zutraute und ihnen Freiheiten gab. Seine Mitarbeiter waren in Wirklichkeit viel besser gewesen, als er geahnt hatte, und nun konnten sie es auch beweisen. Diesen kleinen Sieg konnte er verbuchen, weil er sich geändert hatte, jedenfalls ein klein wenig.

*

Da überraschte ihn eines Tages ein Anruf aus China. Seine Geschäftspartner wollten nun in Vertragsverhandlungen eintreten. Er freute sich über ihre Einladung nach China. Es war für ihn klar, dass er fahren würde. Dann überlegte er. Nach seinen Regeln sollte eigentlich derjenige nach China reisen, der das Geschäft zu vertreten hatte. Und das war einer seiner Segmentleiter. Bisher hatte er sich immer an seine Spielregeln gehalten.

Jetzt aber würde er eine Ausnahme machen. Er suchte den Segmentleiter auf und bat ihn darum, ihn nach China fahren zu lassen. Peter Ziegel erzählte ihm von dem Lamakloster, und dass er gern die Gelegenheit wahrnehmen würde, dem Kloster noch einen Besuch abzustatten und vielleicht noch einige Weisheiten mitzunehmen. Der Mitarbeiter war sehr erstaunt, fühlte sich gleichzeitig aber auch ein wenig geehrt. Sein Chef bat ihn um Erlaubnis, nach China zu reisen. Natürlich war er damit einverstanden, und er machte sich sofort daran, den Vertrag vorzubereiten, damit sein Chef vor Ort gut vorbereitet war. Dies machte er gern und gut, und Peter Ziegel sparte nicht mit ehrlichem Lob.

So machte die Arbeit Spaß. Er hatte immer noch jede Menge Arbeit und verließ das Büro nach wie vor zu später Stunde. Aber er hatte Freude an der Arbeit.

Diese Tatsache machte ihn glücklich.

Schlussakkord

Auf dem Flug nach China saß er ausgeglichen in der Business Class, aß und trank gut, und unterhielt sich mit seinem Nachbarn. Er war ganz entspannt.

Sein Partner holte ihn am Flughafen von Beijing ab und sie begrüßten sich beinahe wie alte Freunde. Die nächsten drei Tage waren hart und sehr stressig, und er hatte keine Zeit, das Kloster zu besuchen. Von früh morgens bis spät abends wurde verhandelt. Die chinesischen Kunden arbeiteten genau und waren sehr hartnäckig. Doch auch sein Partner gab sein Bestes, Und die Kollegen aus Deutschland unterstützten sie mit allen Kräften. Schließlich lag am Ende des dritten Tages ein Vertrag vor, den beide Seiten mit gutem Gewissen unterschreiben konnten. Es war ein ausgewogener Vertrag und die Verhandlungspartner waren stolz darauf. Mit diesem Vertrag als Grundlage konnten sie auch später gut weiterarbeiten. Er würde eine ideale Geschäftsbasis sein.

*

Am Nachmittag nach der Vertragsunterzeichnung machte sich Peter Ziegel auf den Weg in das Kloster. Die Sonne schien, die Bäume standen in üppigem Grün. Ihm war es fast, als käme er nach Hause. Er schritt durch die Innenhöfe, betrachtete aufmerksam die Bauten, freute sich an den kleinen architektonischen Kostbarkeiten. Vor vielen Jahrhunderten hatten Menschen diese Gebäude errichtet und sie hatten Großes damit geleistet. Diese Bauten hätte nicht einer alleine errichten können. Das war ein Team gewesen, das mit Begeisterung die Herausforderung angenommen hatte. Sie hatten geplant, strukturiert, angepackt, umgesetzt, errichtet, erschaffen.

Nun wusste er, dass auch sein Team in der Lage sein würde, Großes zu schaffen.

Er betrat den etwas schäbigen Innenhof, in dem er das letzte Gespräch mit dem Mönch geführt hatte. Dort setzte er sich auf eine Mauer und wartete. Er sah den Vögeln zu. Er hatte Zeit und er wartete geduldig. Die Zeit verstrich, und fast schien es, als solle seine Geduld auf die Probe gestellt werden. Niemand kam vorbei, den er hätte fragen können. Er hatte noch keinen einzigen Mönch gesehen. So wartete er eben weiter. Hier, innerhalb dieser Mauern, war Zeit eine andere Dimension.

*

»Sei willkommen in unserem Kloster.«

Der Übersetzer stand plötzlich vor ihm.

»Danke. Ich bin gern hier. Ich komme immer hierher, wenn ich in Beijing bin.«

Der Mönch lächelte.

»Du siehst glücklich aus.«

»Ja, mir geht es auch gut. Ich habe von euch gelernt und ich habe das Gelernte angewendet.«

Der Mönch lächelte wieder, erwiderte aber nichts.

»Ich wollte mich für die Weisheiten bedanken.«

»Bedanke dich bei dir selbst. Die Weisheiten machen nur Sinn, wenn sie umgesetzt werden. Dafür ist jeder selbst verantwortlich. Du hast sie umgesetzt.«

»Aber ihr habt mir die Augen geöffnet.«

Beide schwiegen eine ganze Weile.

Schließlich sagte der Mönch: »Unser Meister ist auf die große Reise gegangen. Er hat uns verlassen.«

Peter Ziegel war überrascht. Er wusste, was diese Worte bedeuteten. Der Weise war gestorben.

»Er ging fröhlich auf die Reise«, fuhr der Mönch fort. Dann fügte er hinzu: »Er hat uns seine Weisheit überlassen. Ich will zwei Weisheiten noch einmal wiederholen:

Wenn ein Mensch sät, soll er auch ernten.

种瓜得瓜，种豆得豆。

Wenn ein Mensch sät,
soll er auch ernten.

Und: Vergiss Deine Spuren nicht. Ein Mensch hinterlässt seinen Namen, wo immer er sich befindet, …«

Dann trennten sich ihre Wege.

Gesammelte Weisheiten

Hier finden Sie nochmals alle chinesischen Weisheiten aus dem Buch im Überblick. (Darunter steht die chinesische Lautschrift.)

灯不拨不亮，理不辩不明。

dēng bù bō bù liàng, lǐ bù biàn bù míng

Eine Öllampe leuchtet heller, wenn der Docht gekürzt wird, die Wahrheit wird klarer, wenn man darüber spricht.

读万卷书，行万　路。

dú wàn juàn shū, xíng wàn lǐ lù

Lese zehntausend Bücher und gehe zehntausend Kilometer.

两虎相斗，必有一伤。

liǎng hǔ xiāng dòu, bì yǒu yī shāng

Wenn zwei Tiger kämpfen, ist es sicher, dass einer verlieren wird.

天下兴亡，匹夫有责。

tiānxià xīng wáng, pǐfū yǒu zé

Jeder ist verantwortlich für sein Land.

马好不在鞍，人好不在衫。

mǎ hǎo bù zài ān, rén hǎo bù zài shān

Beurteile ein Pferd nicht aufgrund seines Sattels, beurteile einen Menschen nicht aufgrund seiner Kleidung.

强中更有强中手，能人背后有能人。

qiáng zhōng gèng yǒu qiáng zhōng shǒu, néngrén bèihòu yǒu néngrén

Wie stark auch immer Du sein magst, es gibt einen, der stärker ist.

风无常顺，兵无常胜。

fēng wú cháng shùn, bīng wú cháng shèng

Ein Schiff kann nicht immer mit dem Wind segeln, eine Armee wird nicht immer alle Schlachten gewinnen.

瓜无滚圆，人无十全。

guā wú gǔnyuán, rén wú shí quán

Keine Melone ist vollkommen rund und kein Mensch ist perfekt.

人无完人，金无足赤。

rén wú wánrén, jīn wú zúchì

Es ist genauso unmöglich, einen perfekten Menschen zu finden wie hundertprozentig reines Gold zu finden.

人无千日好，花无百日红。

rén wú qiān rì hăo, huā wú băi rì hóng

Ein Mensch kann nicht immer Glück haben,
so wie die Blumen nicht immer blühen können.

人有失足，马有失蹄。

rén yŏu shī zú, mă yŏu shī tí

Ein Mensch kann stolpern, wenn er geht, und
ein Pferd kann stolpern, wenn es galoppiert.

刀不磨要生锈，水不流要发臭。

dāo bù mó yào shēngxiù, shuĭ bú liú yào fāchòu

Ein Messer rostet, wenn es nicht geschliffen wird, und
Wasser wird trüb, wenn man es nicht fließen lässt.

见怪不怪，其怪自败。

jiàn guài bù guài, qí guài zì bài

Blicke unangenehmen Dingen fest ins Auge
und ihre Bedrohung wird vergehen.

江山易改，本性难移。

jīangshān yì găi, bĕnxìng nán yí

Flüsse und Berge können verändert werden,
aber es ist schwierig, die Persönlichkeit auch nur
eines einzigen Menschen zu ändern.

酒逢知己千杯少，话不投机半句多。

jiŭ féng zhījĭ qiān bēi shăo,
huà bù tóujī bàn jù duō

Wenn Du mit einem Freund trinkst, können tausend Gläser nicht genug sein; wenn Du mit einem anderen streitest, ist schon ein halber Satz zu viel.

千军易得，一将难求。

qiān jūn yì dé, yī jiàng nán qiú

Es ist leicht, tausend Soldaten zu finden, aber schwer, einen guten General zu finden.

人心 ，泰山移。

rénxīn qí, Tài Shān yí

Wenn die Menschen im Geist und im Herzen einig sind, können sie sogar den Tai Shan versetzen.

一个篱笆三个桩，一个好汉三个邦。

yī gè líba sān gè zhuāng, yī gè hăohàn sān gè bāng

So wie ein Zaun von mindestens drei Pfählen gehalten wird, benötigt auch ein Mensch die Hilfe von drei anderen Personen.

万事俱备，只欠东风。

wàn shì jù bèi, zhĭ qiàn dōngfēng

Alles ist bereit, nur der Ostwind nicht.

小洞不补，大洞叫苦。

xiǎo dóng bù bǔ, dà dòng jiào kǔ

Ein kleines Loch, das nicht geschlossen wird, wird bald zu einem großen Loch, das nur noch unter großen Schwierigkeiten geschlossen werden kann.

一粒老鼠屎，坏了一锅粥。

yī lì lǎoshǔ shǐ, huàile yī guō zhōu

Eine winzige Menge Mäusedreck verdirbt einen ganzen Topf Haferbrei.

一着不慎，满盘皆输。

yī shāo bù shèn, mǎn pán jiē shū

Eine unachtsame Bewegung gefährdet das gesamte Spiel.

一寸光阴一寸金，寸金难买寸光阴。

yī cùn guāngyīn yī cùn jīn,
cùn jīn nán mǎi cùn guāngyīn

Eine Sekunde ist wertvoller als ein Gramm Gold.

十年树木，百年树人。

shí nián shù mù, bǎi nián shù rén

Es dauert zehn Jahre, bis ein Baum heranwächst, aber hundert Jahre, um eine Generation von guten Menschen heranwachsen zu lassen.

任凭风浪起，稳坐钓鱼船。

rènpíng fēnglàng qǐ, wěn zuò diàoyú chuán

Sitze fest im Fischerboot, auch wenn der Wind und die Wellen wüten.

儿孙自有儿孙福，莫为儿孙做马牛。

érsūn zì yǒu érsūn fú, mò wèi érsūn zuò mǎniú

Kinder können selbst für sich sorgen, wenn sie aufgewachsen sind, somit müssen Eltern nicht zu hart für die Zukunft ihres Nachwuchses arbeiten.

放下屠刀，立地成佛。

fàngxià túdāo, lìdì chéng fó

Der Metzger, der einmal sein Schlachtermesser weglegt, wird Buddha werden.

人过留名，雁过留声。

rén guò liú míng, yàn guò liú shēng

Ein Mensch hinterlässt seinen Namen, wo immer er sich befindet, so wie auch der Schrei einer Gans überall dort zu hören ist, wo sie fliegt.

种瓜得瓜，种豆得豆。

zhòng guā dé guā, zhòng dòu dé dòu

Wenn ein Mensch sät, soll er auch ernten.